¿Cómo se mueven?

# Cambiar de dirección

Siân Smith

Heinemann Library
Chicago, Illinois

Editorial: Rebecca Rissman and Siân Smith
Picture research: Liz Alexander
Translation into Spanish by DoubleOPublishing Services
Designed by Joanna Hinton-Malivoire
Printed and bound by South China Printing Company Limited

13 12 11 10 09
10 9 8 7 6 5 4 3 2 1

ISBN-13: 978-1-4329-3546-7(hc)
ISBN-13: 978-1-4329-3552-8 (pb)

**Library of Congress Cataloging-in-Publication Data**

Smith, Siân.
  [Changing direction. Spanish]
  Cambiar dirección / Siân Smith.
     p. cm. -- (¿Cómo se mueven?)
  ISBN 978-1-4329-3546-7 (hb) -- ISBN 978-1-4329-3552-8 (pb)
 1. Motion--Juvenile literature. 2. Force and energy--Juvenile literature. I. Title.
  QC133.5.S63418 2009
  531'.11--dc22
                                        2009007711

**Acknowledgments**
The author and publisher are grateful to the following for permission to reproduce copyright material:
©Capstone Global Library Ltd. p.**14** (Tudor Photography 2004); ©Corbis pp.**15** (Ajax/zefa), **21** (Joson/zefa), **16** (Roy Dabner/epa); ©Getty Images pp.**17**, **23 bottom** (Julian Finney/Staff, Getty Images Sport), **7** (Panoramic Images), **6**, **23 top** (Stone/Greg Pease), **11** (The Image Bank/Paul Taylor); ©iStockphoto.com pp.**19** (Kris Hanke), **20** (Oktay Ortakcioglu); ©Photolibrary pp.**8** (Brand X Pictures/Steve Allen) **9** (image100), **18**, **23 middle** (It Stock RM), **5** (Tom Bonaventure/ Photographer's Choice); © Punchstock p.**10** (Digital Vision); ©Shutterstock pp.**12** (Vladimir Ivanovich Danilov), **4** (@erics), **13** (Four Oaks)

Cover photograph of a surfer reproduced with permission of ©Getty Images (2006 Jason Childs). Back cover photograph of a kite reproduced with permission of ©iStockphoto.com (Kris Hanke).

Every effort has been made to contact copyright holders of any material reproduced in this book. Any omissions will be rectified in subsequent printings if notice is given to the publisher.

# Contenido

# Mover

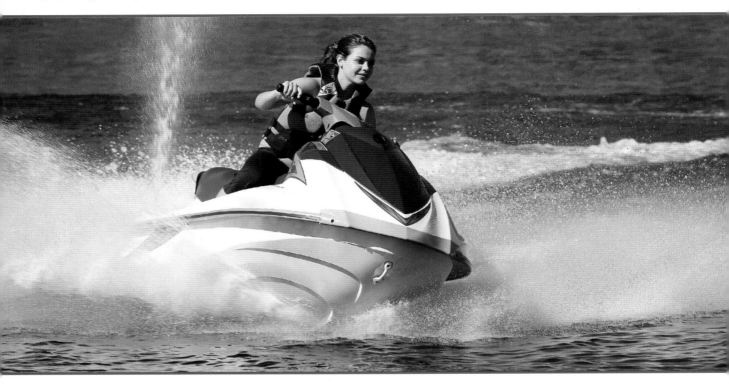

Las cosas se mueven de distintas maneras.

Las cosas se mueven en muchos lugares.

# Dirección

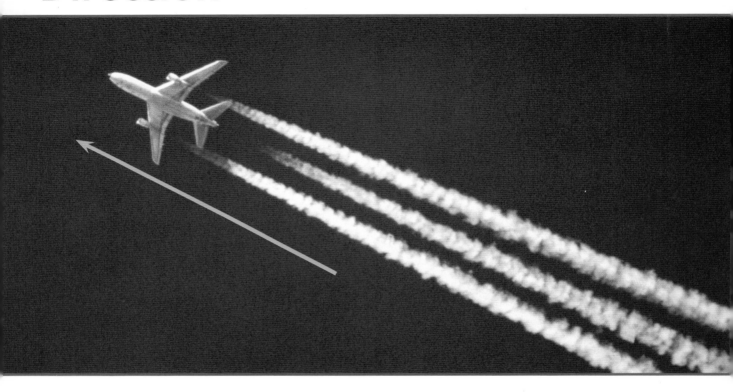

El sentido en que algo se mueve se llama dirección.

Las cosas pueden moverse en muchas direcciones.

Las cosas pueden moverse hacia arriba.

Las cosas pueden moverse hacia abajo.

Las cosas pueden moverse hacia adelante.

Las cosas pueden moverse hacia atrás.

# Cambiar de dirección

Las cosas pueden cambiar de dirección.

Este surfista cambia de dirección.

Este subibaja cambia de dirección.

Este columpio cambia de dirección.

# Empujar y jalar

Empujar algo puede hacerlo cambiar de dirección.

Un empujón puede hacer que una pelota
cambie de dirección.

Jalar algo puede hacer que cambie
de dirección.

Un jalón puede hacer que una cometa
cambie de dirección.

# Diferentes direcciones

Los globos pueden moverse en muchas direcciones.

Tú puedes moverte en muchas direcciones.

# ¿Qué aprendiste?

- El sentido en que algo se mueve se llama dirección.

- Un empujón puede hacer que algo cambie de dirección.

- Un jalón puede hacer que algo cambie de dirección.

# Glosario ilustrado

**dirección**  el sentido en que algo se mueve

**jalar**  hacer que algo se mueva hacia ti

**empujar**  hacer que algo se aparte de ti

# Índice

**Nota a padres y maestros**
**Antes de leer**
Hable con los niños acerca de la dirección. Para demostrarles cómo moverse en diferentes direcciones dé un paso hacia adelante, dos hacia atrás, dé una vuelta y muévase en diagonal. Pida a los niños que describan sus movimientos.

**Después de leer**
• Dé a los niños instrucciones de cómo moverse en diferentes direcciones. Por ejemplo, den dos pasos grandes hacia adelante. Den un paso hacia la izquierda. Den cinco pasitos hacia atrás. Den dos pasos hacia la derecha. Den una vuelta. Siéntense.
• Dibuje un laberinto sencillo en el pizarrón. Pida a los niños que le den instrucciones de cómo llegar al centro.

24